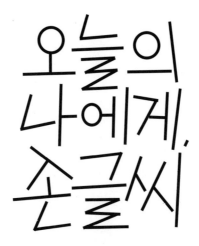

오늘의 나에게, 손글씨

정윤선
손글씨

길벗

오늘의
나에게,
손글씨

초판 발행 · 2018년 1월 1일

지은이 · 정윤선
발행인 · 이종원
발행처 · (주)도서출판 길벗
출판사 등록일 · 1990년 12월 24일
주소 · 서울시 마포구 월드컵로 10길 56(서교동)
대표 전화 · 02)332-0931 | **팩스** · 02)323-0586
홈페이지 · www.gilbut.co.kr | **이메일** · gilbut@gilbut.co.kr

기획 및 책임 편집 · 최근혜(kookoo1223@gilbut.co.kr) | **디자인** · 배진웅 | **전산편집** · 배진웅
제작 · 이준호, 손일순, 이진혁 | **영업마케팅** · 임태호, 전선하 | **웹마케팅** · 이승현
영업관리 · 김명자 | **독자지원** · 송혜란, 정은주

CTP 출력 및 인쇄 · 상지사 | **제본** · 상지사

ISBN 979-11-6050-387-6 (03600)
(길벗도서번호 006970)

정가 12,000원

독자의 1초를 아껴주는 정성 '길벗출판사'

(주)도서출판 길벗 | IT실용, IT/일반 수험서, 경제경영, 취미실용, 인문교양(더퀘스트) **www.gilbut.co.kr**
길벗이지톡 | 어학단행본, 어학수험서 **www.gilbut.co.kr**
길벗스쿨 | 국어학습, 수학학습, 어린이교양, 주니어 어학학습, 교과서 **www.gilbutschool.co.kr**
페이스북 · **www.facebook.com/gilbutzigy** | **트위터** · **www.twitter.com/gilbutzigy**

이
책
에
는

마음 속 한켠에 간직한
감성 섞인 이야기들이 담겨 있어요.
표현할 순간을 놓쳐 하지 못했던 이야기들,
누군가가 건넨 말 한마디에 감동 받아
고이 간직한 이야기들 말이에요.

이
책
에
는

읽고 있으면 나도 모르게
미소 짓게 만드는 이야기들이 담겨 있어요.
한 번 쯤은 경험이 있을 거라 생각해요.
아무 생각 없이 어느 글을 보고 미소 지었던
그런 경험이요.
흔히 공감이라 표현하는 감정을 느낀 순간이죠.

이
책
에
는

길지도 짧지도 않은 저의 삶 속에서 읽어낸
솔직한 이야기들이 담겨 있어요.
경험을 통해 얻어낸 이야기들,
그래서 더 자신 있게 건넬 수 있는
이야기들이죠.

어쩌면 이 이야기들은
저만의 이야기가 아닌
여러분의 이야기일 수도 있는
글들을 나눕니다.

겸손하고 겸허히
우리네가 가야하는 그 길을 걷는 길목에서
잠시 쉬어가는 의자 하나,
작은 공간 하나라도 발견된다면
그 발길 머물러
마음읽기를 해보세요.

그 느낌을 잊지 않고
그 이야기를 기억해보세요.
얼마나 소중한 시간인지,
얼마나 풍성한 여백인지.

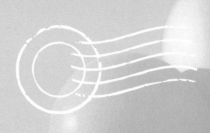

마지막으로
필자인 제가 소망하는 것은
이 책이 여러분의 길목 한구석에 놓여
작은 쉼이 되었으면 좋겠습니다.

2017년 겨울의 시작 앞에서..

정윤선

내 ———
— 마음을
기록하는
방법 ———

반복되는 일상이지만, 매일 달라지는 나의 마음

지치고 힘든 날에는
누군가의 위로가 필요할 때가 있죠.
즐겁고 행복한 날에는
누군가와 함께 공감하고 싶을 때도 있어요.

이럴 때 잠시 쉴 수 있는 공간을 찾은 후
이 책을 한 장 한 장 넘겨보세요.
그리고 찾으세요.

오늘의 나의 마음에게 필요한 문구를요.

그리고 주변에 보이는 '펜'을 듭니다.
그다음 천천히 오늘의 나의 마음을 생각하며
글귀를 써내려갑니다.

이렇게 하루하루 달라지는 나의 마음을
기록해보세요.

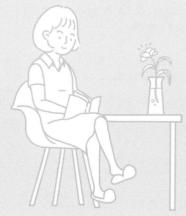

어때요?
마음의 힐링이 되었나요?

이처럼 나만의 감정을 글자에 담다 보면
재미난 사실을 하나 발견할 수 있을 거예요.
감정에 따라 나의 손글씨체가 달라진다는 사실요.

이제 여러분은 손글씨도 자유롭게 쓸 수 있을 거예요.
이때 중요한 점이 있어요.

절대 글씨를 억지로 잘 쓰려고 하지 마세요.
따라 그리려고도 하지 마세요.

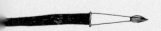

펜이요?
자신이 좋아하는 펜을 선택하거나
그날그날 자신이 쓰고 싶은 펜을 선택해서 써보세요.
특별히 한 가지만 고집하지 말고 자유롭게 말이에요.

모든 것이 준비되었다면
자연스럽게 내 감정을 그대로 글자에 실어보세요.

그럼 누구보다 멋진, 세상에는 없는
나만의 '손글씨'를 만날 수 있을 거예요.

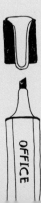

오늘의 '지친' 나에게
오늘의 '슬픈' 나에게
오늘의 '행복한' 나에게
오늘의 '즐거운' 나에게

'오늘의 한 마디'를 건네 봐

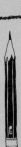

맑은하늘
그대와 함께 봤던
그 하늘에
새로운 무지개가
활짝 폈습니다

#그대를 #향한 #내 #마음도 #무지개 #빛

비 오는
시작지각 촉촉해진
아스팔트 바닥
그리고 그날의 공기를
참 좋아합니다

#내
#마음도
#Clean

바닥에
구석구석 떨어진
낙엽들을 바라봅니다-
아삭아삭 바스락거리는
낙엽들속엔 그 누군가의
추억이 서려있고,
그 누군가의
한편의 詩가
떠오릅니다-

#봄여름의 #추억 #그리고 #기다리는 #겨울

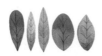

Twinkle, twinkle
little star
How I wonder what you are
Up above the world so high
Like a diamond in the sky
Twinkle, twinkle little star
How I wonder
what you are

#반짝반짝 #작은 #별 #아름답게 #비추네

Happy Birthday
to you!
Happy Birthday to you!
Happy Birthday
dear my ♥ =
Happy Birthday to you!!

#세상에 #존재해줘서 #고마워요

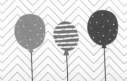

I LOVE YOU!

나의 마음을 당신에게
소중히 소중히
전해봅니다~

#사랑해요

#사랑해요

Today a reader
tomorrow a leader

오늘의 독서하는
사람이 내일의
리더가 된다

#사람은 #책을 #만들고
#책은 #사람을 #만든다

Two heads are better than One

백지장도 맞들면 낫다

#도우며 #사는 #세상

old friends are better

오래된 친구가 낫다

#나보다 #나를 #더 #잘 #아는 #또 #다른 #나

Aim for the Stars!
목표를 높게 잡아라

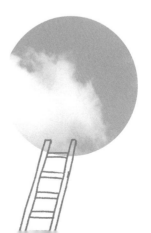

#도달할 #때까지 #멈추지 #말라
#보잭슨

Do not cry
Over spilt milk

일을 저지른 후에
후회하지 말라

#과거는 #과거일 #뿐 #후회는 #안녕

Love cures people
the ones who receive
love and the ones
who give it, too

사랑은 사람들을 치료한다
사랑을 · 받는사람
사랑을 주는 사람모두 …

#사람 #치료엔
#사랑이 #명약

Pains of love
be sweeter far
Than all other
pleasures are ♥

사랑의 고통은 다른 즐거움보다
달콤하다

#먼저 # 사랑을 #시작해볼까?

if i were a bird
i could fly to you

내가 만약 새라면
너에게 날아갈수
있었을텐데...

ʒ #날개가 #필요해 ƺ

日就月將 일취월장

手不釋卷 수불석권

溫故知新 온고지신

一日不讀書口中生荊棘

하루라도 책을 읽지않으면
입에 가시가 돋느다

-안중근-

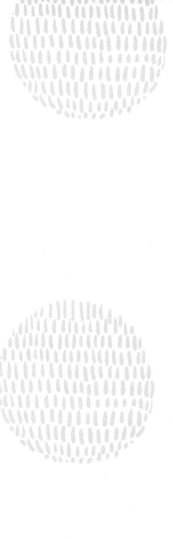
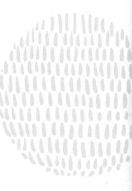

#책이
#약

欲識其人 先視其友
욕식기인 선시기우

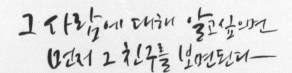

그 사람에 대해 알고싶으면
먼저 그 친구를 보면된다—

#끼리끼리

보고싶었다 엄마가...

하지만 나도이젠
투정이란걸 말해본다
이젠 아니라고...
나도 서운할줄 안다는거
어 어른인척 하지마ㅡ

윤 선 아...

#때론
#힘든
#티를
#내는
#것도
#괜찮아

굳이
부정적으로 생각할 이유가
없잖아
너 마음만 점점 어두워질뿐
누가
시킨것도 아닌데...
그냥 너의 선택이잖아
좋게 생각하는거!

#긍정의 #힘을 #믿어봐

불평을
참
많이도하는구나
비왔음
좋겠다더니
너무많은
비에는
지겹다며
짜증해한다

#변덕쟁이

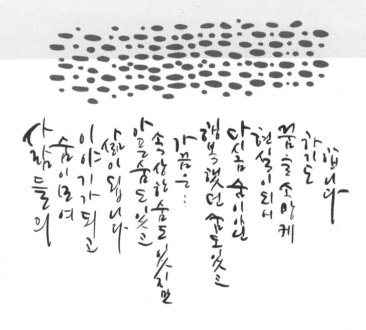

꿈에서와
같거나
꿈을 소망케
현실이 되어
다시금 숨이나
행복 넘쳤던 숨도 있는
가끔은…
속상한 숨도 있지만
앞으로 숨은 있는
살이 될지나
이야기가 되고
숨이 모여
사람들의

#사람 #사는 #세상

바람 한줄기
솔솔솔솔솔 불어라~
내맘을 어깨위
잠시 앉았다
수줍은듯 일어난다~
참 많은 조각들이
지워진 그 어깨위를
배려라도
해주듯이

난 오늘
그대를 위해
기도합니다
오늘도 웃기를 ...
내일도 언제나
늘 웃는 그대를
꿈꾸며 ...

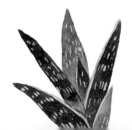

#웃으면 #복이 #와요

사랑하는 사람아
그대의 말 한마디, 표정 하나하나가
내 하루 일과가 되어버렸구나—
알뜰일초 그대의 눈속에서
사랑을 읽고, 그대의 표정에서
행복을 꿈꾼다—

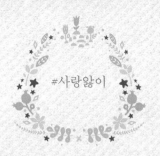

#사랑앓이

아름드리 나무가 되어
내 인생 속에
뿌리내린 당신...
그 나무로 인해 내가
안전합니다

#아낌없이 #주는 #나무

거칠게 불어와도
우수수 비바람 불어도
결국 언젠가는
맑은날이 오겠지...

#힘들어도 #포기하지마

너무 힘들어하지 말아요
그리고... 지금 일어나요
내가 손잡아 줄게요
자, 내 손을 잡아요

#절대 #놓지 #않아요 #나를 #믿어요

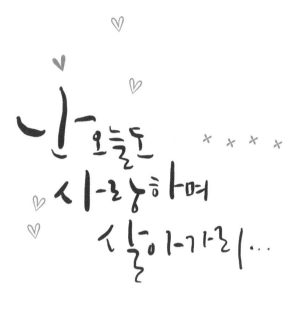

난 오늘도
사랑하며
살아가리...

#그 #무엇인들 #사랑하리 #사랑꾼의 #자세

남은 모든
시간들을
당신이란 사람과
함께하고 싶습니다

#나의 #평생 #짝꿍이 #되어주세요

나와
결혼해
줄래요?

Will you marry me?

#Merry #Me?

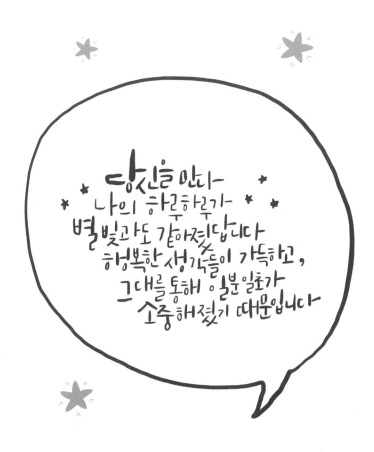

당신을 만나
나의 하루하루가
별빛과도 같아진답니다
행복한 생각들이 가득하고,
그대를 통해 일분일초가
소중해졌기 때문입니다

#이것은
#사랑이겠죠?

아름다운
당신의 결혼을
두손모아 행복한
마음으로 축하
합니다
머리카락
파뿌리되도록 ♡ 하며
사세요

#평생 #행복하세요

행복한 wedding day
당신의 결혼을
진심으로 축하합니다
축복의 통로가 되는
아름다운 가정되세요

#검은머리 #파뿌리 #될 #때까지 #사랑하세요

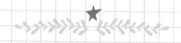

당신의
생일을
진심으로 축하
드립니다

#오늘 #하루는 #그대의 #날인 #것으로

지금...
괜찮네...
힘내
위로를 보낸다
넌 소중한
사람이니까

#토닥토닥

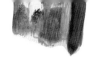

부정적인
생각의~
이야기는

희망의~ 미래를
보지 못하게
한다~

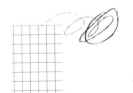

#긍정의 #힘

나의 입술앞에
세상에서 가장
성능이 뛰어난
아름다운 언어의 필터기를
영구장착 해야겠다

#아름다운 #말 #사용법

과거의
실패와 상처…
그리고, 삶의 위기…
그 가운데 어렵지만
끊임없이 노력하는 것
더 어려웠을 때…
더 힘들었을 적을 생각하며
순간순간 감사하기.

#현실에 #감사할 #줄 #아는 #마음

사람의
욕심에는
끝이없다
더 고귀한 가치를
위해 살아야한다

(#가치 #있는 #삶)

교만하지 말고
나보다 더 나은 사람보다
더 못한 사람을 생각하여
매순간 내게 있는 것이
얼마나 감사한지
늘 묵상하자

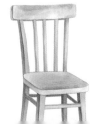

#겸손한 #마음가짐

오늘도
어김없이 찾아온
하루라는 시작
참말로
부지런하구나

#시간은 #멈추지 #않는다

오늘 하루가
내 인생중
가장 기억되는
그러한
하루가 되기를
그렇게
하루를 시작해
본다ー

#Start #굿모닝

정말? ♥
행복해? 좋아?
너가 좋다면
나도 GOOD이야
너의 미소가
날 웃게하거든 ^_^

#네가
#좋다면
#난
#무엇인들

여름 장맛비가
내리고 또 내린다
시원하게 내리렴
너의 그 청아한 소리에
세상의 그늘들이 모두
따뜻함을 경험한다면
그러한 통로가
내가 될 수 있다면
너의 용기를 닮고프네

#자연에서 #배우는 #용기

내게 허락된 거기까지...
더 욕심내는 삶이아닌
지금 이 순간에
완!건!만!족!
할 수 있는
자족할 줄 아는 이의
영원한 행복비밀
함께 누려보기 원합니다

#영원한
#행복비밀

마음속 감정들이
고이고이 접혀있는
그 모습에 작은웃음을
선물한다—

마음껏 펼쳐지길
너의 감성들이
또 다른 이의 감동이되고
흘러흘러가기를 …

#마음아 #들리니?

흙…
내 존재를 알게되면
겸… 손…해진다~
그 되의 것을 모두
은혜라는 것을 알게된다~

#내가 #존재할 #수 #있음에 #감사함

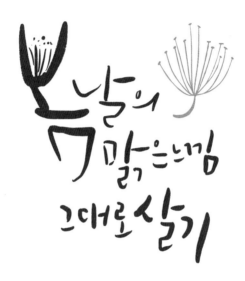

봄날의 맑은느낌 그대로 살기

#늘 #새로운 #마음으로

넓고 잔잔한 바다는
아무리 커다란
돌덩이가 떨어져도
잠잠히 받아낸다

너 마음도 그런 바다같기를 …

#넓고 #깊은 #마음을 #지닌 #사람으로

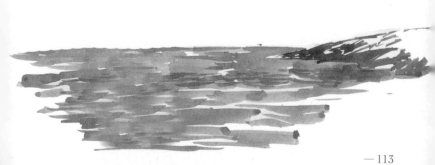

아름다운 쉼이
그대에게
임하기를...

아침햇살이랑
가을 바람공기 냄새가
참 좋은 날입니다
이런 좋은날 주심에
감사하고,
세계 모든 사람들이
함께 누리면 좋으련만...
그들을 위해
기도합니다

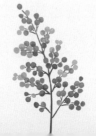

#온 #세상이 #평화롭기를

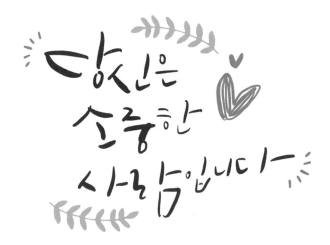

당신은
소중한
사랑입니다

#누구보다 #더

어슴프레
피어나는
생각조차 못했던
새싹의 등장에
잠시 나를 내려놓고
겸손한 마음으로
인정한다~

#강인한 #생명력

그럼에도 불구하고
난!
기쁘기로 결정!
막강 POWER!
행복하기

#무조건 #행복

당신은
너게
꽃 입더

#행복꽃 #감사꽃 #고마운꽃

그래도
기회는
해보는 사람에게
주어지는것 !

#도전하는 #자에게 #주어지는 #것

내마음의 언어
남을 격려하고
칭찬하고 세워주는
그리고 그것이 의도가아닌
진심이 되어질때 ...
그런 사람이되지—

#진심을 #전할 #줄 #아는 #사람

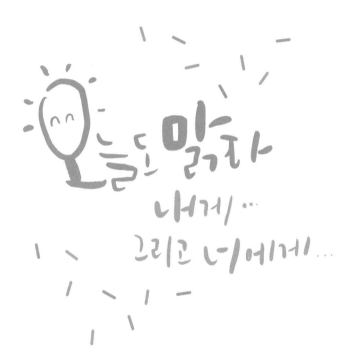

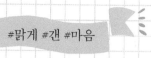

#맑게 #갠 #마음

서슴없이 마음을
열어줄수 있는사람
가벼운 발걸음
버릇처럼 향하는 사람
그런 사람…

#너는 #내게 #그런 #사람

진정한 행복은
나 자신을
먼저 받아들이고
인정해주는
것으로부터
시작됩니다

#나를 #사랑하는 #것

엉켜있는 실타래가
내 마음속에 있을때
조금 더 겸손하게
모든것을 내려놓고
차분히 바라볼수 있는

용기!

\#한올한올 \#차근차근 \#풀어보아요

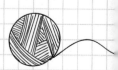

윗사람
옆사람
그리고 아랫사람 …
모두에게 동일하고
늘 한결같은
그런사람
그런사람이 되고 싶습니다

#한결같은 #사람으로

그대가 그리에
한 잡 줄을
달
그리고 다시
줄을 썼다

접어 둔다

천
행
수
다

당신은 소중한 사람입니다

세상에 단 하나뿐인

#너란 #존재

사랑이라는건...

그의 곁에 잠시 두발 정도 떨어져
그를 보듬어주고 기다려주는것
서로의 간격을 존중하고
그의 바운더리를 존중해주고
그렇게 기다려주는것

그게 사랑...

#진정한 #사랑법

아직 끝난게
아니잖아
힘내고 다시 일어났으면 좋겠어
아직 넌 할수 있게 만들고
그 누구도 너에게
끝! 이라고 말할수 없어!

#나의 #끝은
#내가
#정하는 #거야

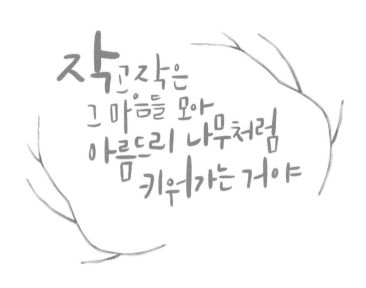

작고작은
그 마음들 모아
아름드리 나무처럼
키워가는 거야

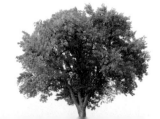

#마음의 #대목

빗방울이
하나둘 쏟아지더만
결코 내 마음속에
=빠= 하고
바다를 만들어 버렸다
ㅠㅠ

#용왕님 #도와주세요

힘내자우리!
우린아직
할수 있는게 !!
≡정말≡
마음이 있잖아!

#응원해!

어디하나
예쁜곳이 없다고?
아름다움은 꽃이아니야
진정 아름다운게
Beautiful 한게가 뭔줄알아?
향기야향기!
오래 있어야 느껴진다는
따라해봐봐
향기!

#나만의 #향기를 #만들자

한올 한올
예쁘게 땋아야
어여쁜 머리가 되잖니
우리삶도
한올 한올
예쁘게 살아가자

#정성의 #보답

매일 매일
낮아지게 하소서
매일 매일
견고한 겸손의 성을
쌓게하소서

♥

#결코 #무너지지 #않는 #삶을 #살아갈 #수 #있게 #하소서

사랑하게
참 좋은 날

#근데 #왜 #때문에 #나는 #혼자인거죠?

숲의공기가
참 맑다맑다
서울숲의 맑은 물도
참좋고
광복이다좋아

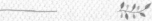

#새로운 #시작이 #주는 #설레임

나라의 역사를
잊은 민족은
절대로 소중한것을
알수도 지킬수도
없다 —

#그대도 #역사 #속에서 #살고 #있음을 #잊지 #말자

걸리그라피가
참말로
좋다

#좋아하는 #것이 #있다는 #건 #때론 #살아가는 #힘이 #된다

마음한켠
서운하더라도
좋았던일, 행복했던일
생각하면서
마음을 풀어봐

#좋은 #것이 #좋은 #것

그대에게 보낸다
그 그릴 하늘 편지에 담아
진한 향기로 여나온 다
그 하늘을 닮아서
따뜻한 커피한잔 마저
그저 행복하다
그래서 그 하늘 바라보기가
참 좋다
하늘빛이

#행복한 #9월의 #어느 #날

가끔은 추억을
떠올려보며 그때
짧지만 내 인생을
함께함으로 지나쳐갔던
그들에게 감사를
건네곤해

#그들이 #있어 #존재할 #수 #있는 #추억

겨울은 춥지만
그래도 늘 기다림속에
만나게 되는
매력이 느껴지는
계절임에
틀림이
없어

#하얀 #눈을 #선물 #받을 #수 #있거든

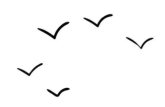

지친잔잔한 바다는 아무말 없이 고요히 흐른다
누가 돌멩이 하나 던져도 전혀 아무 요동도 하지않는
어마어마한 검숙과 흔들리지 않는 견고함을 보여준다—
그 바다를 바라본다. 그리고 새각한다—

#바다의 #강인함을 #닮고 #싶다고

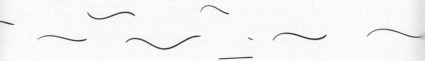

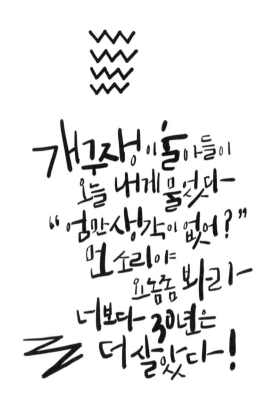

\#아들아 \#엄마도 \#가끔은 \#생각 \#없이 \#살고 \#싶을 \#때가 \#있단다

새벽내내
부지런히도
이슬방을 만들더만
그새 그 자은꽃잎을
어여쁘게도
피워냈다

#생명의 #부지런함

뒷마당에
자는
바둑이 한마리
눈맞으며 쫄랑쫄랑
내 발길을 반겨준다

#바둑이 #발자국 #따라 #걸어가는 #길

힘을 내요 그대여
이젠 내 손을 잡아요
그대 이름까지 다 감싸
안아줄테니...

#그대 #곁에 #내가 ⭐ #존재하는 #이유

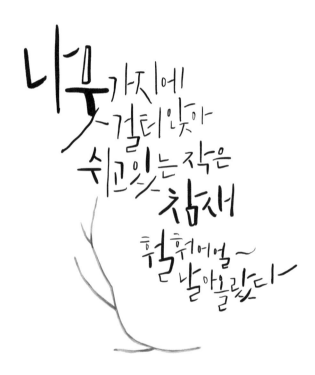

나무 가지에
걸터앉아
쉬고있는 작은
참새
훨훨어얼~
날아올랐다~

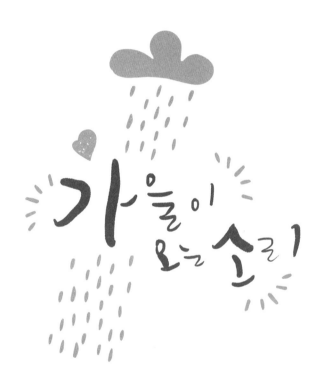

가을이 오는 소리

#설렘

그대에게
12 득다

♥ ♥

\#사랑 \#색으로

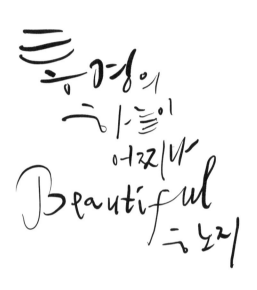

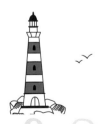

#오랜만에 #찾아온 #여유

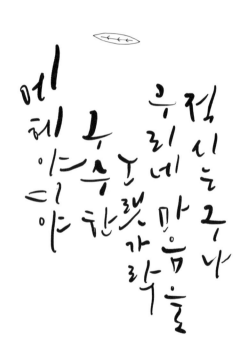

손이 닿을 수 있게 우리에 마음 가락을

장사잘되고
여기들어오는
모든분들께
대박!! 좋은일들만
생기기를!!

#대박기원

내 마음에 당신이 꽃 들어버렸다

#지워지지 #않을 #것만 #같아

Happy Day

그대를 인해

#그대라는 #행복

꿈에는 불구하고
참아내고
견디내고
웃을수있는
그런용기!

#진정한 #승자!

....

....

....

....

....

....

....

....

....

....

기쁜 잠을
우리도 잘수 있다면
얼마나 좋을까?
아주 잠시동안만
기억을 놓고
푹혹 꿈속에서
쉬고 올텐데 ...

#곰이
#부러운
#사람

그대를 향한 나의 마음은

#항상 #그리움으로 #가득합니다

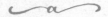

늘
꽃기길만
걷기를...
삶의 향기만이
그대의 모든 순간순간
흘러내길...
그러한 동대기들이
삶을 살아내길...

○ ○ ○ #너에게 #바라다 ○ ○ ○

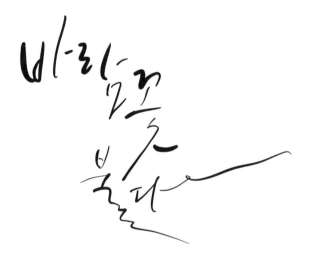

#살포시 #내게 #향기를 #전한다

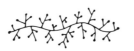

_____

_____

_____

_____

_____

_____

그가 내게 물었다

지금 가장 보고 싶은 것이

무엇이냐고…

한송이 코스모스 하나면

내 마음 적시기에

충분하다고

속으로 대답했다…

#작은 #행복

굽이 돌아가는 길
햇살이 눈부시게
고운
고운데
그 빛에
내가
반했나 보다

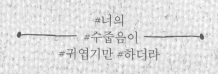

#너의
#수줍음이
#귀엽기만 #하더라

정의를 외치다

"오롤망졸망
참말로
어으이뻐기도
하지"

#방울방울 #방울토마토

바람솔솔
창가에 앉어
참말로 시원하구나

#답답한 #마음을 #너에게 #실어보낸다

가을하늘 은하수

구름으로 바람에

하얀눈로 별이다

들판마다 되어

작은 풀들이

저마다 숨쉰다

나즈막한연속

#가을의 #향연

고이고이
간직해주어
고맙습니다.
차량한 곳….
당신의 머무름이
되게 해주어
감사합니다.
우리 서로의 시간을
잠시떠나
오즈의 마법사처럼
내게 주고 간 사진한장….
누군가에게 사랑받았음을…
아주 짧은 하루의
이야기였지만…
내겐
설레임이었습니다…

#그대가 #간직해준 #나의 #추억

눈물이
날것만같아—
오지도 않는 연락을
올수도 없는 소식을
바보처럼…
안된다는 것을
알면서도
기다리고 있잖아
알면서…

#잊을 #수도 #잊히지도 #않는 #그대

사랑하면
안되겠죠...
눈만 감으면 떠오르는
그 목소리 ...기억하고
간직하면 안될까요...
안될까요 ...

#내 #마음 #속에 #만들어진 #그대라는 #공간

위로가
필요합니다~
한없는
그위로가
지금
내게
참...
필요합니다~
당신의
위로가

#그대
#당장
#내
#앞에
#나타나줘요

그날의
비엔나커피
한잔

왠지모를 가슴먹먹했던
직은 위로하고...

#달콤한 #위로 #한잔

내 마음
어딘가 쉴 수
있다면
모두 내려놓고
쉬고 싶다

#일상에 #변화가 #필요한 #때

END

지나버린 시간 속에 '나'를 돌아보는 시간이었기를,

다가 올 시간 속에 '나'를 찾아가는 시간이 되기를.

시간 속의 '나'를 기록하는 방법

오늘의 나에게, 손글씨